新汉语水平考试大纲
HSK 三级

国家汉办/孔子学院总部　编制

商务印书馆

2009 年·北京

新汉语水平考试（HSK）研发小组

组　长：许　琳

副组长：胡志平　马箭飞

成　员：（按姓氏笔画顺序排列）

王　蕊	王世华	王学松	过晔青	刘　莉	刘超英
杨　翊	杨　巍	杨承青	李　英	李　泉	李亚男
李肖颖	肖　敏	肖佳佳	吴中伟	何卫苹	佟光武
邱　宁	张泉慧	张晋军	张铁英	张新月	张慧君
陆庆和	陈　理	陈宝会	陈俊丽	苗　艳	罗　民
周高宇	赵　悦	赵灵山	姚喜双	聂瑞麟	徐　弘
唐　煜	韩宝成	程　缅	程爱民	谢小庆	谢欧航
解妮妮	潘先军				

前　言

　　新汉语水平考试（HSK）是国家汉办组织中外汉语教学、语言学、心理学和教育测量学等领域的专家，充分调查、了解海外汉语教学实际情况，考虑了普通汉语学习者和专业汉语学习者、来华汉语学习者和非来华汉语学习者的差异，在吸收原有HSK的优点，借鉴近年来国际语言测试研究最新成果的基础上，以《国际汉语能力标准》为依据，推出的一项国际汉语能力标准化考试。它遵循"考教结合"的原则，目的是"以考促教""以考促学"，它不仅关注评价的客观性、准确性，关注考生的现有水平，而且重视鼓励考生的策略，重视怎样进一步提高、发展考生的汉语能力。同时，新HSK保持了原HSK的功用性，其成绩仍然可作为来华留学和企业等用人的重要依据。

　　2009年5月30日，新汉语水平考试HSK（一级）、（二级）在全球39个国家、72个孔子学院举办，共有3696名考生参加了考试。新考题受到了前所未有的热烈欢迎。

　　各国的反馈与新HSK的设计初衷是一致的。新HSK努力使自己成为考生汉语学习道路上的"跳板"，而非"绊脚石"；其难度是考生努力跳一跳就触手可及的，而非高不可攀的；是受考生普遍欢迎的，而非令考生望而生畏的；是鼓励性的，而非淘汰性的。

　　为了实现这些要求，新HSK增加了考试等级，提供6个等级的笔试，扩大了考试的覆盖面；提供与笔试相互独立的3个等级的口试，加强对听说能力的考查；确定具体的词汇量，明确考试目标；在试卷中使用图片，增加趣味性，更贴近交际实际；在HSK（一级）、（二级）试题上标注拼音，降低汉字认读难度。

　　相比于旧HSK，新HSK有很多变化。这些变化是适应汉语国际推广新形势需求而形成的，有利于考试规模的扩大，有利于汉语在海外的推广，有利于"汉语热"的持续升温，有利于增进世界各国对中国的了解，因而是顺应潮流的。"穷则变，变则通。"旧HSK为求"通达"而"变"为新HSK，新HSK常新，则一定能闯出新天地，并创造出更大的天地。

编　者

2009年9月11日

目 录

新汉语水平考试（HSK）介绍

为使汉语水平考试（HSK）更好地服务于汉语学习者，中国国家汉办组织中外汉语教学、语言学、心理学和教育测量学等领域的专家，在充分调查、了解海外实际汉语教学情况的基础上，吸收原有 HSK 的优点，借鉴近年来国际语言测试研究最新成果，推出新汉语水平考试（HSK）。

一、考试结构

新 HSK 是一项国际汉语能力标准化考试，重点考查汉语非第一语言的考生在生活、学习和工作中运用汉语进行交际的能力。新 HSK 分笔试和口试两部分，笔试和口试是相互独立的。笔试包括 HSK（一级）、HSK（二级）、HSK（三级）、HSK（四级）、HSK（五级）和 HSK（六级）；口试包括 HSK（初级）、HSK（中级）和 HSK（高级），口试采用录音形式。

笔试	口试
HSK（六级）	HSK（高级）
HSK（五级）	
HSK（四级）	HSK（中级）
HSK（三级）	
HSK（二级）	HSK（初级）
HSK（一级）	

二、考试等级

新 HSK 各等级与《国际汉语能力标准》《欧洲语言共同参考框架（CEF）》的对应关系如下表所示：

新 HSK	词汇量	国际汉语能力标准	欧洲语言框架（CEF）
HSK（六级）	5000 及以上	五级	C2
HSK（五级）	2500		C1
HSK（四级）	1200	四级	B2
HSK（三级）	600	三级	B1
HSK（二级）	300	二级	A2
HSK（一级）	150	一级	A1

通过 HSK（一级）的考生可以理解并使用一些非常简单的汉语词语和句子，满足具体的交际需求，具备进一步学习汉语的能力。

通过 HSK（二级）的考生可以用汉语就熟悉的日常话题进行简单而直接的交流，达到初级汉语优等水平。

通过 HSK（三级）的考生可以用汉语完成生活、学习、工作等方面的基本交际任务，在中国旅游时，可应对遇到的大部分交际任务。

通过 HSK（四级）的考生可以用汉语就较广泛领域的话题进行谈论，比较流利地与汉语为母语者进行交流。

通过 HSK（五级）的考生可以阅读汉语报刊杂志，欣赏汉语影视节目，用汉语进行较为完整的演讲。

通过 HSK（六级）的考生可以轻松地理解听到或读到的汉语信息，以口头或书面的形式用汉语流利地表达自己的见解。

三、考试原则

新 HSK 遵循"考教结合"的原则，考试设计与目前国际汉语教学现状、使用教材紧密结合，目的是"以考促教""以考促学"。

新 HSK 关注评价的客观、准确，更重视发展考生汉语应用能力。

新 HSK 制定明确的考试目标，便于考生有计划、有成效地提高汉语应用能力。

四、考试用途

新 HSK 延续原有 HSK 一般（或通用）汉语能力考试的定位，面向成人汉语学习者。其成绩可以满足多元需求：

1．为院校招生、分班授课、课程免修、学分授予提供参考依据。
2．为用人机构录用、培训、晋升工作人员提供参考依据。
3．为汉语学习者了解、提高自己的汉语应用能力提供参考依据。
4．为相关汉语教学单位、培训机构评价教学或培训成效提供参考依据。

五、成绩报告

考试结束后 3 周内，考生将获得由国家汉办颁发的新 HSK 成绩报告。

HSK（三级）介绍

　　HSK（三级）考查考生的汉语应用能力，它对应于《国际汉语能力标准》三级、《欧洲语言共同参考框架（CEF）》B1 级。通过 HSK（三级）的考生可以用汉语完成生活、学习、工作等方面的基本交际任务，在中国旅游时，可应对遇到的大部分交际任务。

一、考试对象

　　HSK（三级）主要面向按每周 2-3 课时进度学习汉语三个学期（一个半学年），掌握 600 个最常用词语和相关语法知识的考生。

二、考试内容

　　HSK（三级）共 80 题，分听力、阅读、书写三部分。

考试内容		试题数量（个）		考试时间（分钟）
一、听力	第一部分	10	40	约 35
	第二部分	10		
	第三部分	10		
	第四部分	10		
二、阅读	第一部分	10	30	25
	第二部分	10		
	第三部分	10		
三、书写	第一部分	5	10	15
	第二部分	5		
填写答题卡				10
共计	/	80		约 85

　　全部考试约 90 分钟（含考生填写个人信息时间 5 分钟）。

1．听力

　　第一部分，共 10 题。每题听两次。每题都是一个对话，试卷上提供几张图片，考生根据听到的内容选出对应的图片。

　　第二部分，共 10 题。每题听两次。每题都是一个人先说一小段话，另一人根据这段话说一个句子，试卷上也提供这个句子，要求考生判断对错。

　　第三部分，共 10 题。每题听两次。每题都是两个人的两句对话，第三个人根据对话问一个问题，试卷上提供 3 个选项，考生根据听到的内容选出答案。

　　第四部分，共 10 题。每题听两次。每题都是两个人的 4 到 5 句对话，第三个人根据对话问一个问题，试卷上提供 3 个选项，考生根据听到的内容选出答案。

2．阅读

第一部分，共 10 题。提供 20 个句子，考生要找出对应关系。

第二部分，共 10 题。每题提供一到两个句子，句子中有一个空格，考生要从提供的选项中选词填空。

第三部分，共 10 题。提供 10 小段文字，每段文字带一个问题，考生要从 3 个选项中选出答案。

3．书写

第一部分，共 5 题。每题提供几个词语，要求考生用这几个词语写一个句子。

第二部分，共 5 题。每题提供一个带空格的句子，要求考生在空格上写正确的汉字。

三、成绩报告

HSK（三级）成绩报告提供听力、阅读、书写和总分四个分数。总分 180 分为合格。

	满分	你的分数
听力	100	
阅读	100	
书写	100	
总分	300	

HSK 成绩长期有效。作为外国留学生进入中国院校学习的汉语能力的证明，HSK 成绩有效期为两年（从考试当日算起）。

国家汉办/孔子学院总部
Hanban/Confucius Institute Headquarters

新汉语水平考试
HSK（三级）样卷

注　意

一、HSK（三级）分三部分：

　　1. 听力（40 题，约 35 分钟）

　　2. 阅读（30 题，25 分钟）

　　3. 书写（10 题，15 分钟）

二、答案先写在试卷上，最后 **10** 分钟再写在答题卡上。

三、全部考试约 90 分钟（含考生填写个人信息时间 5 分钟）。

中国　北京　　　　　　　　国家汉办/孔子学院总部　编制

一、听力

第 一 部 分

第1-5题

A

B

C

D

E

F

例如：男：喂，请问张经理在吗？

女：他正在开会，您半个小时以后再打，好吗？　　D

1.

2.

3.

4.

5.

第 6-10 题

A

B

C

D

E

6. ☐

7. ☐

8. ☐

9. ☐

10. ☐

第 二 部 分

第 11-20 题

例如：为了让自己更健康，他每天都花一个小时去锻炼身体。

　　　　★ 他希望自己很健康。　　　　　　　　　　　　　（ ✓ ）

　　　　今天我想早点儿回家。看了看手表，才 5 点。过了一会儿再看表，还是 5 点，我这才发现我的手表不走了。

　　　　★ 那块儿手表不是他的。　　　　　　　　　　　　（ ✗ ）

11． ★ 他把护照放在办公室了。　　　　　　　　　　　　（　　）

12． ★ 他来北京 6 年了。　　　　　　　　　　　　　　　（　　）

13． ★ 他打算带小狗去外地玩儿。　　　　　　　　　　　（　　）

14． ★ 他不喜欢下雪。　　　　　　　　　　　　　　　　（　　）

15． ★ 现在老师帮女儿穿衣服。　　　　　　　　　　　　（　　）

16． ★ 手机对人们影响很大。　　　　　　　　　　　　　（　　）

17． ★ 中国人喜欢喝茶。　　　　　　　　　　　　　　　（　　）

18． ★ 明天是晴天。　　　　　　　　　　　　　　　　　（　　）

19． ★ 他听过很多历史故事。　　　　　　　　　　　　　（　　）

20． ★ 他不想一个人去医院。　　　　　　　　　　　　　（　　）

第 三 部 分

第 21-30 题

例如：男：小王，帮我开一下门，好吗？谢谢！

　　　女：没问题。您去超市了？买了这么多东西。

　　　问：男的想让小王做什么？

　　　　　A 开门　✓　　　　　B 拿东西　　　　　C 去超市买东西

21.　　　A 口渴　　　　　　　B 生病了　　　　　C 觉得很冷

22.　　　A 书店　　　　　　　B 银行　　　　　　C 宾馆

23.　　　A 11：50　　　　　　B 12：00　　　　　C 12：10

24.　　　A 马老师　　　　　　B 她丈夫　　　　　C 她女儿

25.　　　A 儿子没回来　　　　B 起得太晚了　　　C 让儿子多睡会儿

26.　　　A 果汁　　　　　　　B 咖啡　　　　　　C 葡萄酒

27.　　　A 公园　　　　　　　B 饭店　　　　　　C 火车站

28.　　　A 太贵　　　　　　　B 太远　　　　　　C 太旧

29.　　　A 30元　　　　　　　B 70元　　　　　　C 100元

30.　　　A 医生　　　　　　　B 司机　　　　　　C 服务员

第 31-40 题

例如：女：晚饭做好了，准备吃饭了。

男：等一会儿，比赛还有三分钟就结束了。

女：快点儿吧，一起吃，菜冷了就不好吃了。

男：你先吃，我马上就看完了。

问：男的在做什么？

A 洗澡   B 吃饭   C 看电视   ✓

31.   A 教室   B 书店   C 图书馆

32.   A 蛋糕   B 衣服   C 水果

33.   A 最近很忙   B 在学校工作   C 喜欢打篮球

34.   A 5 月 12 号   B 10 月 5 号   C 12 月 5 号

35.   A 爸爸和女儿   B 丈夫和妻子   C 妈妈和儿子

36.   A 照相   B 跳舞   C 做游戏

37.   A 电脑   B 钱包   C 杯子

38.   A 校长   B 男的的妻子   C 女的的丈夫

39.   A 腿疼   B 哭了   C 长胖了

40.   A 不好看   B 很有名   C 很有意思

二、阅 读

第 一 部 分

第 41-45 题

A 爷爷教了我很多次。

B 做作业遇到不会的词语时，你用铅笔在旁边记一下。

C 我还以为你忘了呢，你真好！

D 决定了没？去还是不去？

E 当然。我们先坐公共汽车，然后换地铁。

F 你先吃个苹果吧，我去给你做面条儿。

例如：你知道怎么去那儿吗？ （ E ）

41．生日快乐！这是我给你买的礼物，喜欢不喜欢？ （ ）

42．天阴了，我怕一会儿要下雨，明天吧？ （ ）

43．现在去看字典吧，字典里有。 （ ）

44．你的游泳水平最近提高很快啊。 （ ）

45．我饿了，冰箱里有什么吃的吗？ （ ）

第 46-50 题

A 吃完饭以后，你来洗碗。

B 他在黑板上写的字太小！我们都看不清楚！

C 她已经结婚了，孩子都两岁了。

D 他们很认真、很努力地练习了一个夏天。

E 他对自己画的画儿总是不满意。

46. 安静，你需要换一个眼镜了。　　　　　　　　　（　　　）

47. 其实，主要是他对自己的要求太高了。　　　　　（　　　）

48. 我准备给你妹妹介绍个男朋友。　　　　　　　　（　　　）

49. 为什么总是我啊？　　　　　　　　　　　　　　（　　　）

50. 今天的节目看了吗？那些学生的表演好极了。　　（　　　）

第 二 部 分

第 51-55 题

A 刻　　B 双　　C 音乐　　D 其他　　E 声音　　F 干净

例如：她说话的（　E　）多好听啊！

51．除了数学，弟弟的（　　）成绩都不错。

52．我特别想买这（　　）鞋，问题是我的脚太大。

53．这条裤子昨天洗过了，是（　　）的。

54．现在是三点一（　　），别担心，我们不会迟到。

55．姐姐从小就喜欢唱歌，现在她是一位（　　）老师。

第 56-60 题

A 明白　　B 角　　C 被　　D 爱好　　E 办法　　F 甜

例如：A：你有什么（　D　）？

　　　B：我喜欢体育。

56．A：这个问题你们准备什么时候解决？

　　　B：我们正在想（　　　），今天应该可以解决。

57．A：怎么样，听（　　　）了吗？

　　　B：对不起，您读得太快，我没听懂。

58．A：盘子里的肉（　　　）那只黄猫吃了。

　　　B：那你该给它准备点儿水了。

59．A：菜有点儿（　　　），但很好吃。

　　　B：我妈妈是上海人，她做菜喜欢放糖。

60．A：你好，香蕉怎么卖？

　　　B：这种三块五一斤，那种便宜两（　　　）五分。

第 三 部 分

第 61-70 题

例如：您是来参加今天会议的吗？您来早了一点儿，现在才八点半。您先进来坐吧。

　　★ 会议最可能几点开始？

　　A 8点　　　　　　B 8点半　　　　　C 9点　✓

61. 中国人经常说：早饭要吃好，午饭要吃饱，晚饭要吃少。

　　★ 根据这句话，可以知道：

　　A 早饭要少吃　　　B 午饭要多吃　　　C 不要吃晚饭

62. 公司来了一位新同事，长得跟我有点儿像，而且我们都姓王，很多人总是笑着问我："新来的同事是不是你哥哥？"

　　★ 新来的同事：

　　A 是我哥　　　　　B 长得像我　　　　C 长得像我弟弟

63. 北京的秋天比较短，但这是北京最好的季节。秋天的北京不冷也不热，下雨的时候不多，这时候去北京旅游最好。北京的春天也很漂亮，只是有时候会刮大风。

　　★ 北京的秋天：

　　A 很舒服　　　　　B 非常热　　　　　C 经常刮风

64. 张先生，您到饭店以后，先休息一下。中午我们一起吃午饭，下午 4 点以前没有什么事，如果您愿意，我可以带您到附近看看。5 点，我们经理和您见面，晚上经理请您吃晚饭。

　　★ 张先生 5 点做什么？

　　A 和经理见面　　　B 到外面去看看　　C 和经理一起吃饭

65. 小李，洗手间在一楼东边，如果有客人要去，你带他们去。还有，注意洗手间的灯不要关。

★ 根据这段话，可以知道：

A 小李是客人   B 小李表示同意   C 别关洗手间的灯

66. 一年级二班的考试已经结束了，我听大家说，虽然题很多，但不难，很简单。

★ 这次考试：

A 很难   B 题很多   C 时间不长

67. 我对外面的世界很有兴趣，我希望有机会到别的国家看一看，了解它们不同的文化。

★ 我希望：

A 学习普通话   B 有很多节日   C 去国外看看

68. 自行车？没问题，你别客气。就在楼下，就是那辆蓝色的。我这几天不骑，你不用急着还。

★ 那辆自行车：

A 坏了   B 是蓝色的   C 是别人的

69. 两年不见，没想到他变化这么大，比以前瘦了很多，但和以前一样的是，他还是那么热情、快乐、关心别人。

★ 他以前怎么样？

A 又矮又瘦   B 容易生气   C 热情、快乐

70. 下了飞机，坐出租车的时候，我把行李箱放在了车箱里。下车时，我忘了拿行李箱，里面有很多重要的东西。但是，我有出租车票，我相信能找到我的行李箱。

★ 我的行李箱现在最可能在：

A 机场   B 飞机上   C 出租车上

三、书 写

第一部分

第 71-75 题

例如：小船　　上　　一　　河　　条　　有

河上有一条小船。

71．最　　吃　　我　　西瓜　　爱

72．终于　　同意　　他　　了

73．哪　　复习　　一　　课　　在　　他们

74．菜单　　汉语　　是　　用　　这个　　写　　的

75．举行　　会议　　在　　这　　次　　冬天　　2010年

第 二 部 分

第 76-80 题

例如：没（　太guān关　）系，别难过，高兴点儿。

76．今天的云很多，看不见（　太tài　）阳。

77．那只熊猫叫什么（　míng　）字？

78．你敢跑一万五千（　mǐ　）吗？

79．我认为他（　huí　）答得很好。

80．早饭是（　niú　）奶、面包和鸡蛋。

HSK（三级）样卷听力材料

（音乐，30秒，渐弱）

大家好！欢迎参加 HSK（三级）考试。
大家好！欢迎参加 HSK（三级）考试。
大家好！欢迎参加 HSK（三级）考试。

HSK（三级）听力考试分四部分，共 40 题。
请大家注意，听力考试现在开始。

第一部分

一共 10 个题，每题听两次。

例如：男：喂，请问张经理在吗？
　　　女：他正在开会，您半个小时以后再打，好吗？

现在开始第 1 到 5 题：

1. 女：我记得那个医院就在附近，怎么找不到了呢？
　 男：别着急，我们再看看地图。

2. 男：你的筷子用得真好，是谁教你的？
　 女：没人教我，我自己学的。

3. 女：我的天！七层，你一直爬上来？为什么不坐电梯？
　 男：你真可爱，当然是因为电梯坏了。

4. 男：你每天都骑自行车上下班？
　 女：是啊，很方便，还可以锻炼身体。

5. 女：怎么突然感冒了？我看看，发烧没？
　 女：昨天晚上睡觉时忘了关空调了，我要吃药吗？

现在开始第 6 到 10 题：

6. 男：在城市里时间长了，真应该出来走走。
　 女：是啊，这儿的环境真好，有草地，有小鸟。

7. 女：不要一边吃饭一边看报纸，好不好？
   男：知道了，我就看看今天天气怎么样。

8. 男：明天是第一天去公司上班，我穿这件衬衫怎么样？
   女：这件颜色不太好，还是穿我去年给你买的那件吧。

9. 女：小心点儿，你一个人可以吗？
   男：你放心吧。我们的厨房又不是第一次出问题。

10. 男：这样可以吗？
    女：左边低了，再高一点儿。

第二部分

一共 10 个题，每题听两次。

例如：为了让自己更健康，他每天都花一个小时去锻炼身体。
      ★ 他希望自己很健康。

      今天我想早点儿回家。看了看手表，才五点。过了一会儿再看表，还
      是五点，我这才发现我的手表不走了。
      ★ 那块儿手表不是他的。

现在开始第 11 题。

11. 我现在在去机场的路上，但我忘记带护照了。应该在家里的桌子上，你
    找一下，然后打个车给我送来，我在机场等你。
    ★ 他把护照放在办公室了。

12. 刚来北京的时候，我觉得什么都很新鲜，也有些不习惯的地方。六年过
    去了，我已经很习惯这儿了。
    ★ 他来北京六年了。

13. 下个月准备休息一星期，我打算去旅游，所以想请邻居帮我照顾我的小
    狗。
    ★ 他打算带小狗去外地玩儿。

14. 今天的雪下得真大，树上、地上都白了，真漂亮。你带相机了吗？
    ★ 他不喜欢下雪。

15. 女儿上学以后变化非常大，过去她总是要我或者她妈妈为她穿衣服，现
    在，穿衣服，洗脸，刷牙，她都能自己完成了。
    ★ 现在老师帮女儿穿衣服。

16. 手机的出现，使人们的工作、学习都变得越来越方便了。我们可以用它打电话，还可以用它照相，上网看新闻，写电子邮件。几乎人人都离不开它。

    ★ 手机对人们影响很大。

17. 中国人喜欢喝茶。不同地方的人，喝茶的习惯也不一样，北方人喜欢花茶，南方人喜欢绿茶，还有的人喜欢红茶。

    ★ 中国人喜欢喝茶。

18. 下班时李小姐告诉我们：明天上午可能有雨，别忘了带雨伞。

    ★ 明天是晴天。

19. 小时候，奶奶经常给我讲历史故事，直到现在，我还记得很多这样的故事。

    ★ 他听过很多历史故事。

20. 最近我眼睛不舒服，想去医院检查一下。明天你有时间吗？和我一起去吧。

    ★ 他不想一个人去医院。

第三部分

一共 10 个题，每题听两次。

例如：男：小王，帮我开一下门，好吗？谢谢！
　　　女：没问题。您去超市了？买了这么多东西。
　　　问：男的想让小王做什么？

现在开始第 21 题：

21. 女：你的耳朵和鼻子都红了。
　　男：是啊，太冷了。我要买个帽子。
　　问：男的怎么了？

22. 男：对不起，让你久等了，今天银行的人太多了。
　　女：没关系，我刚才经过书店，去看了会儿书。
　　问：男的刚从哪儿来？

23. 女：现在几点了？
　　男：我看一下，现在差十分十二点。
　　问：现在几点了？

24. 男：马老师，照片上的人是您女儿吗？
　　女：不，那是我年轻时候的照片。
　　问：照片上的人是谁？

25. 女：都快九点了，儿子怎么还不起床？
　　男：他昨晚十一点才到家，累坏了，让他多睡一会儿吧。
　　问：男的是什么意思？

26. 男：今天喝点儿什么？啤酒还是葡萄酒？
　　女：不不，我不会喝酒，我要果汁。
　　问：女的要喝什么？

27. 女：再见，您慢走，欢迎下次再来！
　　男：谢谢！你们这儿的鱼做得很不错。
　　问：他们最可能在什么地方？

28. 男：小刘，听说你搬家了？
　　女：对，我以前住的地方离公司太远，所以找了个近点儿的房子。
　　问：小刘为什么要搬家？

29. 女：一共是三十块，您这是一百块，给您七十，您拿好。
　　男：好的，谢谢。
　　问：男的花了多少钱？

30. 男：您好，您去哪儿？
　　女：我去动物园西门。向前开，前面那条大街再向右开。
　　问：男的最可能是做什么的？

第四部分

一共 10 个题，每题听两次。

例如：女：晚饭做好了，准备吃饭了。
　　　男：等一会儿，比赛还有三分钟就结束了。
　　　女：快点儿吧，一起吃，菜冷了就不好吃了。
　　　男：你先吃，我马上就看完了。
　　　问：男的在做什么？

现在开始第 31 题：

31. 男：你好，我想借这本书。
    女：好的。
    男：我可以借多长时间？
    女：一个月。
    问：他们在哪儿？

32. 女：我想要一个小一点儿的。
    男：您看这个可以吗？
    女：好。你们可以在上面写一句话，是吧？
    男：对，但不能太长。
    女：好，就写"祝你生日快乐"。
    问：女的在买什么？

33. 男：周末你一般做什么呢？
    女：在家休息，看看书，上上网，有时候也去打篮球。
    男：是吗？你也喜欢打篮球？
    女：当然了。以前上学的时候我还经常参加学校的比赛呢。
    问：关于女的，可以知道什么？

34. 女：你们结婚的日子选好了吗？
    男：选好了，十二月五号，是星期六。你一定要来啊。
    女：我一定去。
    男：让叔叔、阿姨也一起来，我很长时间没见他们了。
    女：好。
    问：男的什么时候结婚？

35. 男：明天你去送女儿吧，我要早点儿去公司。
    女：我明天早上也有个会。
    男：那还是我送吧，我们早点儿出门。
    女：好，我明天可以早点儿下班，我去接她。
    问：他们是什么关系？

36. 女：您好！您能帮我们照张相吗？
    男：当然可以。
    女：我们站在这儿，能把后面的银行照上吗？
    男：没问题。准备好了吗？笑一笑，一，二，三。
    问：他们在做什么？

37. 男：你打扫房间的时候，有没有看到我的钱包？
    女：没有。你把它放哪儿了？
    男：我就放在电脑旁边了。
    女：那再找找。是那个黑的吧？
    问：男的在找什么？

38. 女：中间这个穿裙子的人是谁？
    男：你不认识？她就是我们学校的校长。
    女：我以为是您妻子呢。
    男：旁边这个是我妻子。
    问：中间的那个人是谁？

39. 男：奇怪，我的腿怎么这么疼。
    女：是吗？星期天跑步了？
    男：没有，我和同学们去踢足球了。
    女：那就不奇怪了，你太长时间没运动了。
    问：男的怎么了？

40. 女：昨天的电影看了吗？
    男：看了。
    女：怎么样？有意思吗？
    男：很不错，我觉得很有意思。
    问：男的觉得昨天的电影怎么样？

听力考试现在结束。

HSK（三级）样卷答案

一、听 力

第一部分

1. F	2. E	3. A	4. B	5. C
6. E	7. D	8. A	9. C	10. B

第二部分

11. ×	12. √	13. ×	14. ×	15. ×
16. √	17. √	18. ×	19. √	20. √

第三部分

21. C	22. B	23. A	24. A	25. C
26. A	27. B	28. B	29. A	30. B

第四部分

31. C	32. A	33. C	34. C	35. B
36. A	37. B	38. A	39. A	40. C

二、阅 读

第一部分

41. C	42. D	43. B	44. A	45. F
46. B	47. E	48. C	49. A	50. D

第二部分

51. D	52. B	53. F	54. A	55. C
56. E	57. A	58. C	59. F	60. B

第三部分

61. B	62. B	63. A	64. A	65. C
66. B	67. C	68. B	69. C	70. C

三、书 写

第一部分

71. 我最爱吃西瓜。
72. 他终于同意了。/ 终于他同意了。
73. 他们在复习哪一课？
74. 这个菜单是用汉语写的。
75. 这次会议在 2010 年冬天举行。/ 在 2010 年冬天举行这次会议。

第二部分

76. 太
77. 名
78. 米
79. 回
80. 牛

HSK（三级）答题卡

新 汉 语 水 平 考 试
HSK（三级）答题卡

姓名

国籍　〔0〕〔1〕〔2〕〔3〕〔4〕〔5〕〔6〕〔7〕〔8〕〔9〕
　　　〔0〕〔1〕〔2〕〔3〕〔4〕〔5〕〔6〕〔7〕〔8〕〔9〕
　　　〔0〕〔1〕〔2〕〔3〕〔4〕〔5〕〔6〕〔7〕〔8〕〔9〕

性别　　　　男〔1〕　　　女〔2〕

序号　〔0〕〔1〕〔2〕〔3〕〔4〕〔5〕〔6〕〔7〕〔8〕〔9〕
　　　〔0〕〔1〕〔2〕〔3〕〔4〕〔5〕〔6〕〔7〕〔8〕〔9〕
　　　〔0〕〔1〕〔2〕〔3〕〔4〕〔5〕〔6〕〔7〕〔8〕〔9〕
　　　〔0〕〔1〕〔2〕〔3〕〔4〕〔5〕〔6〕〔7〕〔8〕〔9〕

考点　〔0〕〔1〕〔2〕〔3〕〔4〕〔5〕〔6〕〔7〕〔8〕〔9〕
　　　〔0〕〔1〕〔2〕〔3〕〔4〕〔5〕〔6〕〔7〕〔8〕〔9〕
　　　〔0〕〔1〕〔2〕〔3〕〔4〕〔5〕〔6〕〔7〕〔8〕〔9〕

你是华裔吗？

是〔1〕　　　　不是〔2〕

年龄　〔0〕〔1〕〔2〕〔3〕〔4〕〔5〕〔6〕〔7〕〔8〕〔9〕
　　　〔0〕〔1〕〔2〕〔3〕〔4〕〔5〕〔6〕〔7〕〔8〕〔9〕

学习汉语的时间：

1年以下〔1〕　　1年—18个月〔2〕　　18个月—2年〔3〕　　2年—30个月〔4〕　　30个月—3年〔5〕　　3年以上〔6〕

注意　　请用2B铅笔这样写：▬

一、听力

1. 〔A〕〔B〕〔C〕〔D〕〔E〕〔F〕　6. 〔A〕〔B〕〔C〕〔D〕〔E〕〔F〕
2. 〔A〕〔B〕〔C〕〔D〕〔E〕〔F〕　7. 〔A〕〔B〕〔C〕〔D〕〔E〕〔F〕
3. 〔A〕〔B〕〔C〕〔D〕〔E〕〔F〕　8. 〔A〕〔B〕〔C〕〔D〕〔E〕〔F〕
4. 〔A〕〔B〕〔C〕〔D〕〔E〕〔F〕　9. 〔A〕〔B〕〔C〕〔D〕〔E〕〔F〕
5. 〔A〕〔B〕〔C〕〔D〕〔E〕〔F〕　10. 〔A〕〔B〕〔C〕〔D〕〔E〕〔F〕

11. 〔✓〕〔✗〕　　16. 〔✓〕〔✗〕　　21. 〔A〕〔B〕〔C〕
12. 〔✓〕〔✗〕　　17. 〔✓〕〔✗〕　　22. 〔A〕〔B〕〔C〕
13. 〔✓〕〔✗〕　　18. 〔✓〕〔✗〕　　23. 〔A〕〔B〕〔C〕
14. 〔✓〕〔✗〕　　19. 〔✓〕〔✗〕　　24. 〔A〕〔B〕〔C〕
15. 〔✓〕〔✗〕　　20. 〔✓〕〔✗〕　　25. 〔A〕〔B〕〔C〕

26. 〔A〕〔B〕〔C〕　31. 〔A〕〔B〕〔C〕　36. 〔A〕〔B〕〔C〕
27. 〔A〕〔B〕〔C〕　32. 〔A〕〔B〕〔C〕　37. 〔A〕〔B〕〔C〕
28. 〔A〕〔B〕〔C〕　33. 〔A〕〔B〕〔C〕　38. 〔A〕〔B〕〔C〕
29. 〔A〕〔B〕〔C〕　34. 〔A〕〔B〕〔C〕　39. 〔A〕〔B〕〔C〕
30. 〔A〕〔B〕〔C〕　35. 〔A〕〔B〕〔C〕　40. 〔A〕〔B〕〔C〕

二、阅读

41. 〔A〕〔B〕〔C〕〔D〕〔E〕〔F〕　46. 〔A〕〔B〕〔C〕〔D〕〔E〕〔F〕
42. 〔A〕〔B〕〔C〕〔D〕〔E〕〔F〕　47. 〔A〕〔B〕〔C〕〔D〕〔E〕〔F〕
43. 〔A〕〔B〕〔C〕〔D〕〔E〕〔F〕　48. 〔A〕〔B〕〔C〕〔D〕〔E〕〔F〕
44. 〔A〕〔B〕〔C〕〔D〕〔E〕〔F〕　49. 〔A〕〔B〕〔C〕〔D〕〔E〕〔F〕
45. 〔A〕〔B〕〔C〕〔D〕〔E〕〔F〕　50. 〔A〕〔B〕〔C〕〔D〕〔E〕〔F〕

51. 〔A〕〔B〕〔C〕〔D〕〔E〕〔F〕　56. 〔A〕〔B〕〔C〕〔D〕〔E〕〔F〕
52. 〔A〕〔B〕〔C〕〔D〕〔E〕〔F〕　57. 〔A〕〔B〕〔C〕〔D〕〔E〕〔F〕
53. 〔A〕〔B〕〔C〕〔D〕〔E〕〔F〕　58. 〔A〕〔B〕〔C〕〔D〕〔E〕〔F〕
54. 〔A〕〔B〕〔C〕〔D〕〔E〕〔F〕　59. 〔A〕〔B〕〔C〕〔D〕〔E〕〔F〕
55. 〔A〕〔B〕〔C〕〔D〕〔E〕〔F〕　60. 〔A〕〔B〕〔C〕〔D〕〔E〕〔F〕

61. 〔A〕〔B〕〔C〕　66. 〔A〕〔B〕〔C〕
62. 〔A〕〔B〕〔C〕　67. 〔A〕〔B〕〔C〕
63. 〔A〕〔B〕〔C〕　68. 〔A〕〔B〕〔C〕
64. 〔A〕〔B〕〔C〕　69. 〔A〕〔B〕〔C〕
65. 〔A〕〔B〕〔C〕　70. 〔A〕〔B〕〔C〕

三、书写

71.

72.

73.

74.

75.

76.　　77.　　78.　　79.　　80.

HSK（三级）成绩报告

国家汉办/孔子学院总部
Hanban/Confucius Institute Headquarters

新 汉 语 水 平 考 试
Chinese Proficiency Test

HSK（三级）成绩报告
HSK (Level 3) Examination Score Report

姓名（Name）:

性别（Gender）:　　　　　　国籍（Nationality）:

考试时间（Examination Date）:　　　　年（Year）　　月（Month）　　日（Day）

编号（No.）:

	满分（Full Score）	你的分数（Your Score）
听力（Listening）	100	
阅读（Reading）	100	
书写（Writing）	100	
总分（Total Score）	300	

总分180分为合格（Passing Score：180）

主 任　　　　　　　　国家汉办
Director _____　Hanban
HANBAN

中国 • 北京
Beijing • China

HSK（三级）考试要求及过程

一、HSK（三级）考试要求

1. 考试前，考生要通过《新汉语水平考试大纲 HSK 三级》等材料，了解考试形式，熟悉答题方式。
2. 参加考试时，考生需要带：身份证件、准考证、2B 铅笔、橡皮。

二、HSK（三级）考试过程

1. 考试开始时，主考宣布：

> 大家好！欢迎参加 HSK（三级）考试。

2. 主考提醒考生（可以用考生的母语及其他有效方式）：
   （1）关闭手机。
   （2）把准考证和身份证件放在桌子的右上方。

3. 之后，主考请监考发试卷。

4. 试卷发完后，主考向考生解释试卷封面上的注意内容（可以用考生的母语及其他有效方式）。

注　意

一、HSK（三级）分三部分：
1. 听力（40题，约35分钟）
2. 阅读（30题，25分钟）
3. 书写（10题，15分钟）

二、**答案先写在试卷上，最后10分钟再写在答题卡上。**

三、全部考试约90分钟（含考生填写个人信息时间5分钟）。

---

5. 之后，主考宣布：

> 现在请大家填写答题卡。

　　主考示意考生参考准考证（可以用考生的母语及其他有效方式），用铅笔填写答题卡上的姓名、国籍、序号、性别、考点、年龄、你是华裔吗、学习汉语的时间等信息。
　　姓名要求写证件上的姓名。
　　关于华裔考生的概念，可解释为：父母双方或一方是中国人的考生。

6. 之后，主考宣布：

> 现在开始听力考试。

7. 主考播放听力录音。

8. 听力考试结束后，主考宣布：

> 现在开始阅读考试。考试时间为 25 分钟。

9. 阅读考试还剩 5 分钟时，主考宣布：

> 阅读考试时间还有 5 分钟。

10. 阅读考试结束后，主考宣布：

> 现在开始书写考试。考试时间为 15 分钟。**请直接把答案写在答题卡上。**

　　主考提醒考生直接把答案写在答题卡上（可以用考生的母语及其他有效方式）。

11．书写考试还剩 5 分钟时，主考宣布：

书写考试时间还有 5 分钟。

12．书写考试结束后，主考宣布：

现在请把第 1 到 70 题的答案写在答题卡上，时间为 10 分钟。

主考提醒考生把答案写在答题卡上（可以用考生的母语及其他有效方式）。

13．10 分钟后，主考请监考收回试卷和答题卡。

14．主考清点试卷和答题卡后宣布：

考试现在结束。谢谢大家！再见。

HSK（三级）语言功能

1. 打招呼、告别。

2. 简单介绍个人信息（姓名、年龄、住所、家庭、爱好、能力、性别、称呼、外貌、性格等）。

3. 表示感谢、道歉、欢迎、祝贺等。

4. 使用数字表达数量、顺序。

5. 表达时间（分钟、小时、天、星期、日、月、年、号、现在、过去、将来等）。

6. 简单描述（天气、方位、大小、多少、对错、心情、颜色、季节等）。

7. 提问、回答简单的问题（购物、交通、看病、运动、娱乐等）。

8. 表达、理解简单的要求或请求。

9. 表达简单的情感、观点。

10. 询问别人的观点。

11. 提建议。

12. 做比较、选择。

13. 解释原因。

14. 表示强调、感叹。

15. 表示程度、频率。

16. 提醒、劝阻、安慰、鼓励等。

17. 表达逻辑关系。

HSK（三级）词汇

共 600 个

A

āyí
1. 阿姨

a
2. 啊

ǎi
3. 矮

ài
4. 爱

àihào
5. 爱好

ānjìng
6. 安静

B

bā
7. 八

bǎ
8. 把

bàba
9. 爸爸

ba
10. 吧

bái
11. 白

bǎi
12. 百

bān
13. 班

bān
14. 搬

bàn
15. 半

bànfǎ
16. 办法

bàngōngshì
17. 办公室

bāngmáng
18. 帮忙

bāngzhù
19. 帮助

bāo
20. 包

bǎo
21. 饱

bàozhǐ
22. 报纸

bēizi
23. 杯子

běifāng
24. 北方

Běijīng
25. 北京

bèi
26. 被

běn
27. 本

bízi
28. 鼻子

bǐ
29. 比

bǐjiào
30. 比较

bǐsài
31. 比赛

bìxū
32. 必须

biànhuà
33. 变化

biǎoshì
34. 表示

biǎoyǎn
35. 表演

bié
36. 别

biéren
37. 别人

bīnguǎn
38. 宾馆

bīngxiāng
39. 冰箱

bú kèqi
40. 不 客气

bù
41. 不

C

cái
42. 才

cài
43. 菜

càidān
44. 菜单

cānjiā
45. 参加

cǎo
46. 草

céng
47. 层

chá
48. 茶

chà
49. 差

cháng
50. 长

chànggē
51. 唱歌

chāoshì
52. 超市

chènshān 53. 衬衫	dǎsǎo 73. 打扫	diànnǎo 95. 电脑
chéngjì 54. 成绩	dǎsuàn 74. 打算	diànshì 96. 电视
chéngshì 55. 城市	dà 75. 大	diàntī 97. 电梯
chī 56. 吃	dàjiā 76. 大家	diànyǐng 98. 电影
chídào 57. 迟到	dài 77. 带	diànzǐ yóujiàn 99. 电子 邮件
chū 58. 出	dānxīn 78. 担心	dōng 100. 东
chūxiàn 59. 出现	dàngāo 79. 蛋糕	dōngxi 101. 东西
chūzūchē 60. 出租车	dànshì 80. 但是	dōng 102. 冬
chúfáng 61. 厨房	dāngrán 81. 当然	dǒng 103. 懂
chúle 62. 除了	dào 82. 到	dòngwù 104. 动物
chuān 63. 穿	de 83. 地	dōu 105. 都
chuán 64. 船	de 84. 的	dú 106. 读
chūn 65. 春	de 85. 得	duǎn 107. 短
cíyǔ 66. 词语	dēng 86. 灯	duàn 108. 段
cì 67. 次	děng 87. 等	duànliàn 109. 锻炼
cōngming 68. 聪明	dī 88. 低	duì 110. 对
cóng 69. 从	dìdi 89. 弟弟	duìbuqǐ 111. 对不起
cuò 70. 错	dìfang 90. 地方	duō 112. 多
	dìtiě 91. 地铁	duōme 113. 多么
D	dìtú 92. 地图	duōshao 114. 多少
dǎ diànhuà 71. 打 电话	dì-yī 93. 第一	
dǎ lánqiú 72. 打 篮球	diǎn 94. 点	**E**

	è		gānjìng		guānxì
115.	饿	134.	干净	156.	关系
	érqiě		gǎn		guānxīn
116.	而且	135.	敢	157.	关心
	érzi		gǎnmào		guānyú
117.	儿子	136.	感冒	158.	关于
	ěrduo		gāngcái		guì
118.	耳朵	137.	刚才	159.	贵
	èr		gāo		guójiā
119.	二	138.	高	160.	国家
			gāoxìng		guǒzhī
		139.	高兴	161.	果汁

F

			gàosu		guòqù
	fāshāo	140.	告诉	162.	过去
120.	发烧		gēge		guo
	fāxiàn	141.	哥哥	163.	过
121.	发现		gè		
	fànguǎn	142.	个		
122.	饭馆		gěi		**H**
	fāngbiàn	143.	给		
123.	方便		gēn		hái
	fángjiān	144.	跟	164.	还
124.	房间		gēnjù		háishì
	fàng	145.	根据	165.	还是
125.	放		gèng		háizi
	fàngxīn	146.	更	166.	孩子
126.	放心		gōnggòngqìchē		hàipà
	fēicháng	147.	公共汽车	167.	害怕
127.	非常		gōngjīn		Hànyǔ
	fēijī	148.	公斤	168.	汉语
128.	飞机		gōngsī		hǎo
	fēn	149.	公司	169.	好
129.	分		gōngyuán		hǎochī
	fēnzhōng	150.	公园	170.	好吃
130.	分钟		gōngzuò		hào
	fúwùyuán	151.	工作	171.	号
131.	服务员		gǒu		hē
	fùjìn	152.	狗	172.	喝
132.	附近		gùshi		hé
	fùxí	153.	故事	173.	和
133.	复习		guā fēng		hé
		154.	刮 风	174.	河
			guān		hēi
	G	155.	关	175.	黑

176.	hēibǎn 黑板	196.	jīchǎng 机场	218.	jiéhūn 结婚
177.	hěn 很	197.	jīdàn 鸡蛋	219.	jiéshù 结束
178.	hóng 红	198.	jīhū 几乎	220.	jiémù 节目
179.	hòumiàn 后面	199.	jīhuì 机会	221.	jiérì 节日
180.	hùzhào 护照	200.	jí 极	222.	jiějie 姐姐
181.	huā 花	201.	jǐ 几	223.	jiějué 解决
182.	huāyuán 花园	202.	jìde 记得	224.	jiè 借
183.	huà 画	203.	jìjié 季节	225.	jièshào 介绍
184.	huài 坏	204.	jiā 家	226.	jīntiān 今天
185.	huānyíng 欢迎	205.	jiǎnchá 检查	227.	jìn 进
186.	huán 还	206.	jiǎndān 简单	228.	jìn 近
187.	huánjìng 环境	207.	jiàn 件	229.	jīngcháng 经常
188.	huàn 换	208.	jiànkāng 健康	230.	jīngguò 经过
189.	huáng 黄	209.	jiànmiàn 见面	231.	jīnglǐ 经理
190.	huí 回	210.	jiǎng 讲	232.	jiǔ 九
191.	huídá 回答	211.	jiāo 教	233.	jiǔ 久
192.	huì 会	212.	jiǎo 角	234.	jiù 旧
193.	huìyì 会议	213.	jiǎo 脚	235.	jiù 就
194.	huǒchēzhàn 火车站	214.	jiào 叫	236.	jǔxíng 举行
195.	huòzhě 或者	215.	jiàoshì 教室	237.	jùzi 句子
		216.	jiē 接	238.	juéde 觉得
J		217.	jiēdào 街道	239.	juédìng 决定

K

240. kāfēi
咖啡

241. kāi
开

242. kāishǐ
开始

243. kàn
看

244. kànjiàn
看见

245. kǎoshì
考试

246. kě
渴

247. kě'ài
可爱

248. kěnéng
可能

249. kěyǐ
可以

250. kè
刻

251. kè
课

252. kèrén
客人

253. kōngtiáo
空调

254. kǒu
口

255. kū
哭

256. kùzi
裤子

257. kuài
块

258. kuài
快

259. kuàilè
快乐

260. kuàizi
筷子

L

261. lái
来

262. lán
蓝

263. lǎo
老

264. lǎoshī
老师

265. le
了

266. lèi
累

267. lěng
冷

268. lí
离

269. líkāi
离开

270. lǐ
里

271. lǐwù
礼物

272. lìshǐ
历史

273. liǎn
脸

274. liànxí
练习

275. liǎng
两

276. liàng
辆

277. liǎojiě
了解

278. línjū
邻居

279. líng
零

280. liù
六

281. lóu
楼

282. lù
路

283. lǚyóu
旅游

284. lǜ
绿

M

285. māma
妈妈

286. mǎ
马

287. mǎshàng
马上

288. ma
吗

289. mǎi
买

290. mài
卖

291. mǎnyì
满意

292. màn
慢

293. máng
忙

294. māo
猫

295. màozi
帽子

296. méi
没

297. méi guānxi
没 关系

298. měi
每

299. mèimei
妹妹

300.	mén 门	320.	niánjí 年级	340.	pǔtōnghuà 普通话
301.	mǐ 米	321.	niánqīng 年轻		**Q**
302.	mǐfàn 米饭	322.	niǎo 鸟	341.	qī 七
303.	miànbāo 面包	323.	nín 您	342.	qīzi 妻子
304.	miàntiáo 面条	324.	niúnǎi 牛奶	343.	qíshí 其实
305.	míngbai 明白	325.	nǔlì 努力	344.	qítā 其他
306.	míngtiān 明天	326.	nǚ'ér 女儿	345.	qí 骑
307.	míngzi 名字	327.	nǚrén 女人	346.	qíguài 奇怪
				347.	qǐchuáng 起床
	N		**P**	348.	qiān 千
308.	ná 拿	328.	páshān 爬山	349.	qiānbǐ 铅笔
309.	nǎ nǎr 哪 （哪儿）	329.	pánzi 盘子	350.	qián 钱
310.	nà nàr 那 （那儿）	330.	pángbiān 旁边	351.	qiánmiàn 前面
311.	nǎinai 奶奶	331.	pàng 胖	352.	qīngchu 清楚
312.	nán 南	332.	pǎobù 跑步	353.	qíng 晴
313.	nánrén 男人	333.	péngyou 朋友	354.	qǐng 请
314.	nán 难	334.	píjiǔ 啤酒	355.	qiū 秋
315.	nánguò 难过	335.	piányi 便宜	356.	qù 去
316.	ne 呢	336.	piào 票	357.	qùnián 去年
317.	néng 能	337.	piàoliang 漂亮	358.	qúnzi 裙子
318.	nǐ 你	338.	píngguǒ 苹果		**R**
319.	nián 年	339.	pútao 葡萄		

359.	ránhòu 然后	379.	shēntǐ 身体	401.	shuāng 双
360.	ràng 让	380.	shénme 什么	402.	shuǐ 水
361.	rè 热	381.	shēngbìng 生病	403.	shuǐguǒ 水果
362.	rèqíng 热情	382.	shēngqì 生气	404.	shuǐpíng 水平
363.	rén 人	383.	shēngrì 生日	405.	shuìjiào 睡觉
364.	rènshi 认识	384.	shēngyīn 声音	406.	shuōhuà 说话
365.	rènwéi 认为	385.	shí 十	407.	sījī 司机
366.	rènzhēn 认真	386.	shíhou 时候	408.	sì 四
367.	rì 日	387.	shíjiān 时间	409.	sòng 送
368.	róngyì 容易	388.	shǐ 使	410.	suīrán 虽然
369.	rúguǒ 如果	389.	shì 是	411.	suì 岁
		390.	shìjiè 世界	412.	suǒyǐ 所以
		391.	shìqing 事情		

S

		392.	shǒubiǎo 手表		**T**
370.	sān 三	393.	shǒujī 手机		
371.	sǎn 伞	394.	shòu 瘦	413.	tā 他
372.	shāngdiàn 商店	395.	shū 书	414.	tā 她
373.	shàng 上	396.	shūfu 舒服	415.	tā 它
374.	shàngbān 上班	397.	shūshu 叔叔	416.	tài 太
375.	shàngwǎng 上网	398.	shù 树	417.	tàiyáng 太阳
376.	shàngwǔ 上午	399.	shùxué 数学	418.	táng 糖
377.	shǎo 少	400.	shuā yá 刷 牙	419.	tèbié 特别
378.	shéi 谁			420.	téng 疼

421.	tī zúqiú 踢足球	441.	wǎn 碗	461.	xǐshǒujiān 洗手间
422.	tí 题	442.	wǎnshang 晚上	462.	xǐzǎo 洗澡
423.	tígāo 提高	443.	wàn 万	463.	xǐhuan 喜欢
424.	tǐyù 体育	444.	wàngjì 忘记	464.	xià 下
425.	tiānqì 天气	445.	wèi 喂	465.	xiàwǔ 下午
426.	tián 甜	446.	wèi 为	466.	xià yǔ 下 雨
427.	tiáo 条	447.	wèile 为了	467.	xià 夏
428.	tiàowǔ 跳舞	448.	wèi shénme 为 什么	468.	xiān 先
429.	tīng 听	449.	wèi 位	469.	xiānsheng 先生
430.	tóngshì 同事	450.	wénhuà 文化	470.	xiànzài 现在
431.	tóngxué 同学	451.	wèn 问	471.	xiāngjiāo 香蕉
432.	tóngyì 同意	452.	wèntí 问题	472.	xiāngtóng 相同
433.	tóufa 头发	453.	wǒ 我	473.	xiāngxìn 相信
434.	tūrán 突然	454.	wǒmen 我们	474.	xiǎng 想
435.	túshūguǎn 图书馆	455.	wǔ 五	475.	xiàng 向
436.	tuǐ 腿			476.	xiàng 像
		X		477.	xiǎo 小
W				478.	xiǎojiě 小姐
437.	wài 外	456.	xī 西	479.	xiǎoshí 小时
438.	wán 完	457.	xīguā 西瓜	480.	xiǎoxīn 小心
439.	wánchéng 完成	458.	xīwàng 希望	481.	xiào 笑
440.	wán 玩	459.	xíguàn 习惯	482.	xiàozhǎng 校长
		460.	xǐ 洗		

	xiē		yánsè		yìbān
483.	些	503.	颜色	525.	一般
	xié		yǎnjìng		yìbiān
484.	鞋	504.	眼镜	526.	一边
	xiě		yǎnjing		yìqǐ
485.	写	505.	眼睛	527.	一起
	xièxie		yángròu		yìzhí
486.	谢谢	506.	羊肉	528.	一直
	xīn		yāoqiú		yìsi
487.	新	507.	要求	529.	意思
	xīnwén		yào		yīn
488.	新闻	508.	药	530.	阴
	xīnxiān		yào		yīnwèi
489.	新鲜	509.	要	531.	因为
	xìn		yéye		yīnyuè
490.	信	510.	爷爷	532.	音乐
	xīngqī		yě		yínháng
491.	星期	511.	也	533.	银行
	xínglixiāng		yī		yīnggāi
492.	行李箱	512.	一	534.	应该
	xìng		yīfu		yǐngxiǎng
493.	姓	513.	衣服	535.	影响
	xìngqù		yīshēng		yòng
494.	兴趣	514.	医生	536.	用
	xióngmāo		yīyuàn		yóuxì
495.	熊猫	515.	医院	537.	游戏
	xiūxi		yídìng		yóuyǒng
496.	休息	516.	一定	538.	游泳
	xūyào		yígòng		yǒu
497.	需要	517.	一共	539.	有
	xuǎnzé		yíhuìr		yǒumíng
498.	选择	518.	一会儿	540.	有名
	xuésheng		yíyàng		yòu
499.	学生	519.	一样	541.	又
	xuéxí		yǐhòu		yòubian
500.	学习	520.	以后	542.	右边
	xuéxiào		yǐqián		yú
501.	学校	521.	以前	543.	鱼
	xuě		yǐwéi		yùdào
502.	雪	522.	以为	544.	遇到
			yǐjīng		yuán
		523.	已经	545.	元
			yǐzi		yuǎn
Y		524.	椅子	546.	远

547.	yuànyì 愿意	565.	zhàogù 照顾	584.	zhùyì 注意
548.	yuè 月	566.	zhàopiàn 照片	585.	zhǔnbèi 准备
549.	yuèliang 月亮	567.	zhàoxiàngjī 照相机	586.	zhuōzi 桌子
550.	yuè 越	568.	zhè　zhèr 这 （这儿）	587.	zì 字
551.	yún 云	569.	zhe 着	588.	zìdiǎn 字典
552.	yùndòng 运动	570.	zhēn 真	589.	zìjǐ 自己
Z		571.	zhèngzài 正在	590.	zìxíngchē 自行车
553.	zài 在	572.	zhīdào 知道	591.	zǒngshì 总是
554.	zài 再	573.	zhǐ 只	592.	zǒu 走
555.	zàijiàn 再见	574.	Zhōngguó 中国	593.	zuì 最
556.	zǎoshang 早上	575.	zhōngjiān 中间	594.	zuìjìn 最近
557.	zěnme 怎么	576.	zhōngwǔ 中午	595.	zuótiān 昨天
558.	zěnmeyàng 怎么样	577.	zhōngyú 终于	596.	zuǒbian 左边
559.	zhàn 站	578.	zhǒng 种	597.	zuò 坐
560.	zhāng 张	579.	zhòngyào 重要	598.	zuò 做
561.	zhǎng 长	580.	zhōumò 周末	599.	zuòyè 作业
562.	zhàngfu 丈夫	581.	zhǔyào 主要	600.	zuòyòng 作用
563.	zháojí 着急	582.	zhù 住		
564.	zhǎo 找	583.	zhù 祝		

HSK（三级）语法

一、代词

1. 人称代词：我 你 他 她 我们 你们 他们 她们 您 它 它们 大家 自己 别人
2. 指示代词：这（这儿） 那（那儿） 每 这么 那么 其他
3. 疑问代词：谁 哪（哪儿） 什么 多少 几 怎么 怎么样 为什么

二、数词

1. 表示时间	8 点 40 分
	2009 年 7 月 7 日
	星期四
	5 点 1 刻
2. 表示年龄	他今年 24 岁。
3. 表示钱数	15 块
	6 元
4. 表示号码	我的电话是 58590000。
5. 表示顺序	第三
6. 表示重量	9 公斤
7. 表示长度	10000 米
8. 表示概数	四五千个
	800 多人

三、量词

1. 用在数词后	一个
	3 本
	等一下。
	一双鞋
	两条鱼
	第 10 层
	3 角 5 分
	两种
2. 用在"这""那""几""每"后	这个
	那些
	几本
	每次
3. 其他	他坐了一会儿。
	快一点儿。

四、副词

1. 否定、肯定副词：不	我不是学生。
没	他没去医院。

	别	你别去游泳了。
	一定	我明天一定来。
	必须	我们必须想个好办法。
2．程度副词：	很	她很高兴。
	太	太好了！
	非常	那里的天气非常热。
	最	我最喜欢喝咖啡。
	更	明天会更好。
	越	雨越下越大。
	特别	这儿的西瓜特别甜。
	多么（多）	这些孩子多可爱呀！
	极	她唱得好极了！
	几乎	中国的大城市，我几乎都去过。
3．范围副词：	都	我们都看见那个人了。
	一起	他们一起去机场了。
	一共	这些药一共 300 元。
	只	我只去过一次北京。
4．时间副词：	正在	我们正在看电视。
	已经	他已经到学校了。
	就	她下星期就回来了。
	先	我先说几句。
	才	他晚上 11 点才下班。
	一直	他的成绩一直很好。
	总是	她总是很忙。
	马上	请安静，节目马上开始。
5．语气副词：	也	我也有一块这样的手表。
	还	她还没起床。
	真	你的字写得真漂亮！
	终于	考试终于结束了。
	其实	这道题其实很容易。
	当然	那样做当然不可以。
6．频率副词：	再	欢迎再来！
	又	今天他又迟到了。
	经常	最近他经常去爬山。

五、连词

和	我和你
因为……所以……	因为下雨，所以他没去踢足球。
但是	他 80 岁了，但是身体很好。
虽然	房子虽然旧了，但是很干净。
而且	她会说汉语，而且说得很好。
然后	先吃饭，然后去看电影。
如果	如果大家都同意，就这样决定了。
一边	他一边上网，一边听音乐。

| 或者 | 给我打电话或者发电子邮件都可以。 |
| 还是 | 我们是打车还是坐地铁？ |

六、介词

在	我住在北京。
从	她从中国回来了。
对	他对我很好。
比	我比她高。
向	向左走。
离	学校离我家很近。
跟	你跟我们一起去吧。
为	不要为我担心。
为了	为了解决环境问题，人们想了很多办法。
除了	除了画画儿，她还喜欢跳舞。
把	请把空调打开。
被	鱼被小猫吃了。
关于	关于这段历史，我知道得很少。

七、助动词

会	我会做饭。
能	你什么时候能来？
可以	现在你可以走了。
要	我要学游泳。
可能	明天可能下雨。
应该	我们应该在周末开个会。
愿意	你愿意和我结婚吗？
敢	你敢骑马吗？

八、助词

1. 结构助词

（1）的	我的电脑
"的"字短语	书是哥哥的。
	那个杯子是我的。
	这件衣服是最便宜的。
	我买了一些吃的。
	那边打电话的是我丈夫。
（2）得	你做得对。
（3）地	她高兴地笑了。

2. 语气助词：

了	她去医院了。
吗	他是经理吗？
呢	你在哪儿呢？
吧	现在快 10 点了吧？

3. 动态助词：

| 着 | 她笑着说："明天见。" |
| 了 | 我买了一本书。 |

过	我学过汉语。

九、叹词

喂	喂，你好。
啊	真漂亮啊！

十、动词的重叠

	你去问问他。
	让我想一想。

十一、陈述

1．肯定句	明天星期六。
	我认识他。
	天气很好。
2．否定句	
不	她不在饭店。
没	他没去看电影。
别	你别忘了带护照。

十二、疑问句

1．吗	这是你的桌子吗？
呢	我是老师，你呢？
吧	你是中国人吧？
2．谁	那个人是谁？
哪	这些杯子，你喜欢哪一个？
哪儿	你想去哪儿？
什么	你爱吃什么水果？
多少	你们学校有多少学生？
几	你几岁了？
怎么	你怎么了？
怎么样	这本书怎么样？
为什么	他为什么没来？
多	从这儿到那儿有多远？
3．正反疑问句	你喝不喝茶？
	你决定了没有？
4．好吗	我们一起去，好吗？
对吗	您要两张票，对吗？
可以吗	中午吃面条儿，可以吗？
5．选择疑问句	你喝茶还是喝咖啡？

十三、祈使句

请	请坐。
别	别说话。
不要	不要吃太多。

十四、感叹句

太	太好了！
真	真干净！
多么（多）	他跑得多快啊！
极了	好极了！

十五、特殊句型

1.“是”字句	他是我的同学。
2.“有”字句	一年有 12 个月。
3.“是……的”句	
强调时间	我是昨天来的。
强调地点	这是在火车站买的。
强调方式	他是坐飞机来的。
4.比较句	
比	今天比昨天冷。
和（跟）……一样	他和我一样高。
没有（有）……那么（这么）	上海没有北京那么冷。
5.“把”字句	我把衣服洗了。
6.被动句	行李箱被司机拿走了。
7.连动句	他每天骑车上班。
8.存现句	桌子上放着一本书。
9.兼语句	小王叫我去他家玩儿。

十六、动作的状态

1.用“在……呢”表示动作正在进行	他们在吃饭呢。
2.用“正在”表示动作正在进行	他们正在打篮球。
3.用“了”“过”表示动作已经完成	他买了一斤苹果。
	我看过这个电影。
4.用“要……了”表示动作（变化）将要发生	火车要开了。
5.用“着”表示动作（状态）的持续	外面下着雨。

图书在版编目（CIP）数据

新汉语水平考试大纲HSK三级/国家汉办/孔子学院总部
编制.—北京：商务印书馆，2009
ISBN 978-7-100-06881-9

I. 新… II. 国… III. 汉语－对外汉语教学－水平考试－
考试大纲 IV. H195.2

中国版本图书馆CIP数据核字（2009）第216896号

XĪN HÀNYǓ SHUǏPÍNG KǍOSHÌ DÀGĀNG HSK SĀNJÍ

新 汉 语 水 平 考 试 大 纲 HSK 三 级

国家汉办/孔子学院总部 编制

商 务 印 书 馆 出 版
（北京王府井大街36号 邮政编码 100710）
商 务 印 书 馆 发 行
北 京 瑞 古 冠 中 印 刷 厂 印 刷
ISBN 978 - 7 - 100 - 06881 - 9

2009 年 12 月第 1 版　　　　　开本 880×1240 1/16
2009 年 12 月北京第 1 次印刷　　　印张 3½

定价：42.00 元